Inhalt

Was ist ein Krieger?

Krieger waren Männer und Frauen, die für ihre Sache entschlossen mit Waffen kämpften. Sie kämpften für ihren Vorteil und nicht nur für Geld.

Einige der berühmten Krieger gewannen zwar ihre Schlacht nicht, kämpften aber mit großem Mut.

Byrhtnoth war ein englischer Graf. Im Jahr 991 starben er und seine Männer bei einer Schlacht gegen die Wikinger bei Maldon in Essex. Sie kämpften so tapfer, dass sogar ein Gedicht über sie geschrieben wurde.

Shaka war der König der Zulus, eines mächtigen Stammes in Südafrika. 1816 lehrte Shaka seine Krieger neue Kampftaktiken, mit denen sie bis 1850 alle Nachbarstämme besiegt hatten. 1879 vernichteten sie eine ganze britische Truppe. Dann wurden sie in einer Gegend geschlagen, die Rorkes Drift und Kambula heißt.

Krieger hatten verschiedene Arten von **Waffen**. Die ersten benutzten Knüppel und Steine. Später hatten sie Gewehre und Kanonen.

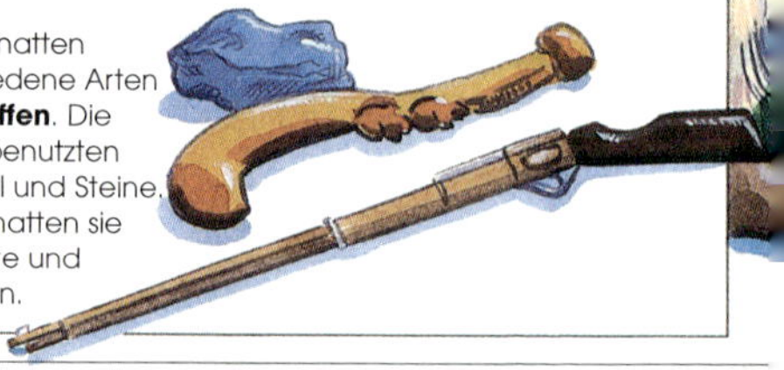

Die **Assyrer** eroberten vor etwa 3.000 Jahren ein großes Reich im Nahen Osten.

Ashanti-Krieger kämpften vor rund 100 Jahren in den dichten Wäldern von Westafrika.

Die **Maori** leben in Neuseeland. Früher gab es große Stämme, die gegeneinander und später gegen europäische Siedler kämpften. Manchmal starben dabei ganze Stämme. Obwohl die Europäer die Maori ab 1840 in ihren Gesetzen als gleichberechtigt anerkannten, gab es auch danach noch oft Kriege.

Wer war Alexander der Große?

Alexander der Große wurde 336 v. Chr. mit erst 20 Jahren König von Makedonien (in Nordgriechenland). In nur 13 Jahren wurde er zum mächtigsten Herrscher der damaligen Welt.

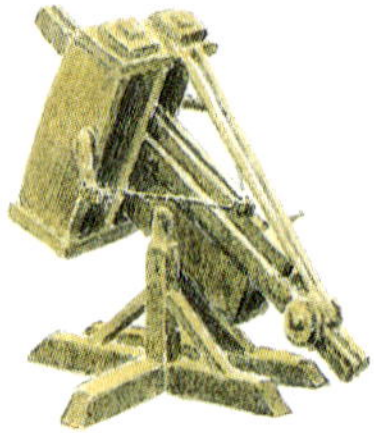

Er besiegte andere Armeen, indem er neue Taktiken und Waffen einsetzte.

Alexanders Pferd hieß **Bukephalos**. Eine Legende besagt, dass Alexander, der gerade erst 12 Jahre alt war, als Einziger darauf reiten konnte. Als Bukephalos starb, benannte Alexander eine Stadt in Indien nach ihm: Bukephala (heute Jalapur).

Bei der **Schlacht von Gaugamela** im Jahr 331 v. Chr. feierte Alexander seinen größten Sieg. Er schlug mit seinen 35.000 Makedoniern eine 150.000 Mann starke persische Armee. Der Grund für den Sieg war ein Angriff der Kavallerie, mit dem Alexander die persische Infanterie zerschlug.

Die Kavallerie, bewaffnete Reiter, führte in einer Schlacht die ersten Angriffe aus. Sie trieben die feindliche Armee auseinander. Die Infanteristen, also die Fußsoldaten, folgten ihnen.

König Darius war Alexanders größter Feind. Er wurde 336 v. Chr. Herrscher von Persien, nachdem er die drei Befehlshaber vor ihm umgebracht hatte. Darius war ein erfolgreicher Krieger, der viele Feinde besiegt hatte. Seine zwei letzten großen Schlachten aber verlor er gegen Alexander. Im Jahr 330 v. Chr. wurde Darius von seinem Cousin ermordet.

Die **Infanterie** in Alexanders Armee kämpfte mit langen Speeren, **Sarissa** genannt. Eine Sarissa war 4,5 m lang.

323 v. Chr. war Alexanders Reich das größte der Welt. Er wollte alle Königreiche, die er erobert hatte, zu einem Land zusammenfügen. Nach Alexanders Tod teilten seine Generäle alles unter sich auf. Es dauerte keine 150 Jahre, bis es das Reich nicht mehr gab.

326 v. Chr. kam Alexander nach **Indien**. Dort besiegte er König Poros bei der Schlacht am Hydaspes (heute Jhelum) und erweiterte sein Reich um neue Gebiete.

Wer war Attila der Hunne?

Attila war der König der Hunnen, eines Stammes berittener Nomaden, der sich von Asien nach Europa ausdehnte. 444 n. Chr. wurde er Herrscher, nachdem er seinen Bruder ermordet hatte.

Attila formte die Hunnen zu einer mächtigen Armee. Durch Eroberungen schuf er ein großes Reich. Man nannte ihn die „Geißel Gottes", also eine göttliche Plage.

Im Jahr 453 starb Attila plötzlich nach einem Fest am Tag seiner Hochzeit. Er wurde zusammen mit seinem Schatz begraben. Die Sklaven, die ihn beerdigten, wurden getötet, damit die Lage seines Grabes geheim blieb. Ohne Attila als Anführer wurden die Hunnen von ihren Feinden schnell besiegt.

Die **Hunnen** zogen etwa 370 n. Chr. aus Zentralasien in das Gebiet, das heute Ungarn ist. Attila führte mit seinem Stamm Kriege in Griechenland, Südrussland, Deutschland und Frankreich.

Die Hunnen liebten Gold. Während eines Überfalls in Griechenland stahlen sie mehr als 1.000 kg!

Attila überfiel 452 Italien und eroberte viele Städte. Papst Leo I. überredete ihn, Rom zu verschonen.

Venedig ist eine Stadt in Norditalien, die im Wasser gebaut wurde. Im 5. Jahrhundert flohen einige Festlandbewohner vor Angriffen und bauten eine Stadt im Wasser, die sie leicht verteidigen konnten.

Der wichtigste Besitz der Hunnen waren ihre **Pferde**. Mit ihnen hüteten sie ihre großen Rinder- und Schafherden. Mit Speeren oder Pfeil und Bogen bewaffnet, kämpften sie auch auf ihren Pferden.

Die Hunnenkrieger schnitten sich mit Messern ins Gesicht, damit die Narben ihren Feinden Angst einjagten.

Die Hunnen benutzten auch das **Lasso** als Waffe. Ein Krieger fing damit den Gegner, worauf ein anderer ihn töten konnte.

Waren die Römer Eroberer?

Das Römische Reich gab es von 753 v. Chr. an mehr als 1.000 Jahre lang bis etwa 476 n. Chr. Es umfasste alle Länder rund um das Mittelmeer und einen großen Teil von Europa.

Diese Länder wurden von der römischen Armee erobert und überwacht. Die Römer konnten viele Feinde besiegen, weil sie bessere Waffen und Taktiken hatten.

Die Römer waren auch hervorragende Baumeister. Sie bauten Straßen für ihre Armeen und Festungen mit starken Mauern, um Angreifer abzuwehren. Der **Hadrianswall**, eine Mauer in Nordengland, wurde gebaut, damit die Feinde aus Schottland dort nicht einfallen konnten.

Die Fußsoldaten des römischen Heeres wurden **Legionäre** genannt. Sie trugen feste Waffenrüstungen und waren in Gruppen eingeteilt, die Zenturien hießen. Sie bestanden aus je 80 Legionären und wurden von einem Hauptmann, dem Zenturio, angeführt.

Die Legionäre in den Zenturien marschierten in großen Gruppen von 5.200 Mann, genannt **Legionen**.

Horatius war ein berühmter römischer Soldat. Um 670 v. Chr. griff eine etruskische Armee (aus Norditalien) Rom an. Die Brücke, die über den Tiber nach Rom führte, musste zerstört werden, um die Etrusker aufzuhalten. Horatius kämpfte ganz allein gegen die Etrusker, damit die Römer Zeit hatten, die Brücke einzureißen. Rom wurde gerettet und Horatius wurde zum Helden.

Mark Anton war ein berühmter General. Er verliebte sich in Kleopatra, die Königin von Ägypten, und schenkte ihr römisches Land. Es kam zum Bürgerkrieg mit den anderen Generälen, den Mark Anton verlor. Später nahm er sich das Leben.

Legionäre stellten sich in bestimmten Formationen auf, wenn sie Feinde angriffen. Die „Schildkröte" schützte die Legionäre vor Pfeilen und Speeren. Mit dem „Keil" konnten sie die feindlichen Linien durchbrechen.

die Schildkrötenformation

Ein bronzener Adler war das Zeichen einer Legion und wurde in die Schlacht mitgenommen. Die Römer verstanden es als große Beleidigung ihrer Götter, wenn der Adler vom Feind erbeutet wurde.

Gegen wen kämpften die Römer?

Das Römische Reich hatte viele Feinde. Es gab Stämme, die in ihren Gebieten gegen ihre römischen Eroberer kämpften. Armeen aus anderen Reichen versuchten, Rom zu überfallen.

Die **Kelten** lebten in vielen verschiedenen Stämmen verstreut über ganz Europa von Schottland bis nach Serbien. Sie waren kampfeslustig, fuhren mit Streitwagen in die Schlacht und sangen manchmal sogar, wenn sie kämpften. Nach einer Schlacht schlugen die Kelten ihren toten Feinden die Köpfe ab und feierten den Sieg.

Vercingetorix war der Anführer der Kelten in Gallien (dem heutigen Frankreich). 52 v. Chr. kämpfte er gegen den Römer Julius Cäsar. Nach mehreren Schlachten wurde Vercingetorix gefangen genommen und enthauptet.

Hannibal war ein berühmter Adliger aus Karthago (im heutigen Tunesien). Er gehörte zu den gefährlichsten Feinden Roms. 218 v. Chr. brachte er seine Armee, zusammen mit 38 Elefanten, von Spanien durch Frankreich und über die Alpen nach Italien. Er gewann dabei viele Schlachten und schlug 50.000 Römer bei Cannae. Er kam jedoch nie bis Rom und war gezwungen nach Karthago zurückzukehren.

Spartakus war ein Sklave, der 73 v. Chr. aus einer Gladiatorenschule floh. Tausende Sklaven und Arme folgten ihm. Sie wollten ihre Freiheit erkämpfen. Zwei Jahre lang siegten sie und zogen plündernd durch Italien. 71 v. Chr. wurde Spartakus besiegt und getötet. Die gefangenen Aufständischen wurden von den Römern gekreuzigt.

Boudicca war die Königin der Icener, eines Stammes aus der englischen Region East Anglia. 61 n. Chr. führte sie eine Revolte ihres Stammes an, weil die Römer sie unterdrückten. Die keltischen Rebellen zerstörten die Städte Colchester, London und St. Albans, bevor sie von den Römern geschlagen wurden. Boudicca vergiftete sich, weil sie sich nicht ergeben wollte.

Arminius war ein deutscher Häuptling. 9 n. Chr. lockte er in einem sumpfigen Wald drei römische Legionen des Feldherrn Varus in eine Falle und tötete sie.

Massada ist eine Festung in Palästina, in der sich 72 – 73 n. Chr. 1.000 jüdische Rebellen verschanzt hatten. Nach einer zweijährigen Belagerung durch 15.000 Römer begingen alle bis auf sieben Selbstmord, damit sie sich nicht ergeben mussten.

Waren die Iren kriegerisch?

In Irland lebten bis ins Mittelalter keltische Stämme, die niemals von anderen Armeen vertrieben wurden.

Obwohl es in Irland einen König gab, kämpften viele Stämme gegeneinander.

Irische Könige und Häuptlinge lebten oft in gut gesicherten **Festungen**. Die Ruine des Rock of Cashel in der Grafschaft Tipperary ist ein gutes Beispiel für eine mittelalterliche irische Festung. Der Felsen war Sitz der Könige von Munster.

Cuchulainn heißt ein großer Held aus Ulster. Seine Geschichte wird in dem Gedicht „Der Rinderraub von Cooley" erzählt, das um 500 n. Chr. entstand. In dem Gedicht wird Cuchulainn als sehr stark und äußerst launisch beschrieben.

Brian Boru, der größte irische König, herrschte in den Jahren 1002 bis 1014. Er verteidigte die Iren gegen die Invasion der Wikinger. Nach seinem Sieg bei Clontarf wurde er von fliehenden Wikingern ermordet.

Frauen spielen in irischen Erzählungen eine wichtige Rolle. Die legendäre **Königin Maeve** von Connaught führte eine Armee gegen Ulster an und bekämpfte Cuchulainn.

Fionn mac Cumhaill heißt ein berühmter Held aus Leinster. Der Sage nach war er der Anführer einer Gruppe tapferer junger Krieger, der Fianna. Sie gingen gerne auf die Jagd. Bei einem Streit um Jagdgründe lehnten sie sich gegen den irischen König Cairbre auf. In der folgenden Schlacht wurden die Fianna vernichtet.

Strongbow war der Spitzname von Richard Fitzgilbert, einem normannischen Lord. 1170 half er Dermot MacMurrogh König zu werden. Nach Dermots Tod nahm Strongbow sich selbst dessen Gebiet. Bald kamen andere normannische und englische Ritter nach Irland und eroberten einen Großteil des Landes.

Wer waren die Wikinger?

Die Wikinger kamen aus Norwegen, Dänemark und Schweden. Sie überfielen Nordeuropa und reisten sogar bis Amerika und Italien.

der geschnitzte Kopf eines Wikingerschiffs

Die Wikinger waren auch Kaufleute. Sie handelten mit Pelzen, Elfenbein und Sklaven, aber auch mit Seide, Gewürzen und Gold.

Waffen wurden von ausgebildeten Handwerkern hergestellt. Äxte und Schwerter waren bevorzugt. Wertvolle Schwerter wurden vom Vater an den Sohn vererbt. Sie erhielten Angst einflößende Namen wie „Blutsauger" oder „Menschentöter".

Raubzüge wurden von Kriegern in bis zu 100 Langschiffen durchgeführt. Die Wikinger gingen an Land, erbeuteten so viel Geld, Nahrung, Vieh und Wertsachen, wie sie konnten, und segelten wieder fort.

Langschiffe waren schmale Boote, die bis zu 30 m lang sein konnten. Sie waren leicht und kamen schnell voran, weil sie nicht nur ein großes Segel, sondern auch noch Ruder hatten. Manche Langschiffe waren mit Furcht erregenden Drachenköpfen verziert.

Sven Gabelbart war der bedeutendste Wikinger seiner Zeit. Er erbeutete ein großes Reich um die Nordsee herum. Er war König von Dänemark und Norwegen und wurde 1013 König von England.

Nach und nach ließen sich die Wikinger an den Orten nieder, die sie in der Vergangenheit überfallen hatten. Es gab **Siedlungen** in Nordengland, Nordfrankreich und im Süden Irlands. Überreste dieser Siedlungen kann man im englischen York und im irischen Dublin sehen.

Im Jahr 948 war **Erik Blutaxt** König von Northumberland, einem Gebiet in England. Er hatte aus Norwegen fliehen müssen, nachdem er zwei seiner Brüder ermordet hatte, um alleiniger König zu werden. Doch auch aus England wurde Erik vertrieben.

Die Wikinger glaubten, dass sie nach ihrem Tod nach **Walhalla** gelangen würden, in den Festsaal der Götter. Wikingerhäuptlinge und berühmte Krieger wurden oft mit ihren Booten und ihrem liebsten Besitz begraben. Manchmal wurde der Leichnam auch auf das Boot gelegt und verbrannt.

Wer war Dschingis Khan?

Dschingis Khan vereinte alle Mongolenstämme in Zentralasien und schuf so das größte Reich, das die Welt je gesehen hat.

Sein Reich wurde von wilden, berittenen Kriegern verteidigt. Sie verbreiteten Angst und Schrecken, brannten Städte nieder und töteten Millionen von Menschen.

Jeder Krieger hatte zwei Bogen, 100 Pfeile, eine Lanze und ein Schwert. Es gab verschiedene Pfeile. Manche waren für große Entfernungen gedacht, andere konnten Metallrüstungen durchbohren. Manche machten ein pfeifendes Geräusch, um feindlichen Truppen Angst einzujagen.

Eigentlich hieß Dschingis Khan **Temudschin**. Er wurde 1167 als Sohn des Häuptlings eines kleinen Stammes geboren. Sein Vater wurde von einem Nachbarstamm vergiftet, und Temudschin wurde selbst Anführer. Er war ein tapferer Krieger und bekam bei einer Versammlung der Mongolenstämme im Jahr 1206 den Titel „Dschingis Khan" – „Großer Herrscher".

Dschingis Khan herrschte über die **Merkiten**, **Tataren**, **Kirgisen** und **Naimanen**.

Die Mongolen waren ein unbarmherziger Stamm. Wenn sie eine Stadt einnahmen, wurden Frauen, kleine Kinder und Handwerker, die Waffen herstellen konnten, zur Seite gebracht und alle anderen getötet. Als sie die Stadt **Merv** eroberten, starben 700.000 Menschen.

Die Eroberung **Chinas** begann 1211, als die Mongolen die Chinesische Mauer durchbrachen. 1215 wurde Peking gestürmt und Nordchina erobert.

Die Mongolen kämpften zu Pferde. Die Tiere waren klein und kräftig. Sie waren so gezüchtet, dass sie Kälte und Hitze aushielten, und geschult, um im Kampf die Ruhe zu bewahren.

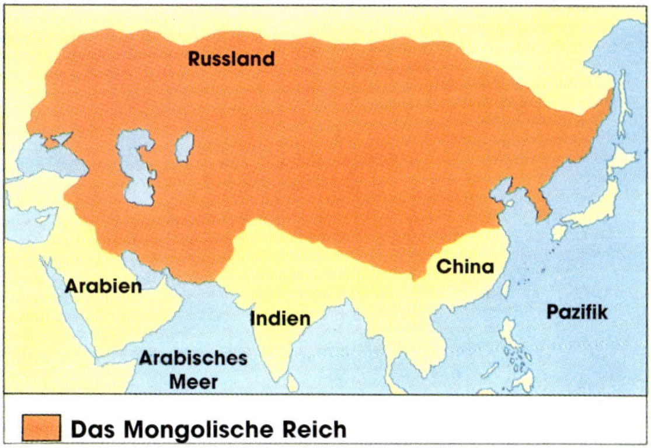

Das **Mongolische Reich** war das größte Landreich, das es je gab. 1279 reichte es von Ungarn bis Korea und umfasste den größten Teil Asiens.

Worum ging es bei den Kreuzzügen?

Mit den Kreuzzügen wollten christliche Heere die Muslime aus Jerusalem vertreiben. Es gab sieben Kreuzzüge zwischen 1095 und 1300.

Die christlichen Kämpfer wurden „Kreuzritter" genannt, weil sie im Zeichen des christlichen Kreuzes kämpften.

Die Muslime schickten **Attentäter** in die Lager der Kreuzritter, wo sie wichtige Anführer ermordeten.

Richard Löwenherz war ein englischer König, der 1190 den dritten Kreuzzug anführte. In den Jahren 1191 und 1192 besiegte Richard zwei große arabische Armeen bei Arsuf und Jaffa. Er führte den Angriff der Christen selbst an und kämpfte sehr mutig. Richard zwang die Muslime zu einem Waffenstillstand. So konnten die Christen Jerusalem besuchen.

Die Ritter in den Kreuzzügen hatten vor Gott ein Versprechen (Gelübde) abgelegt, gegen die Muslime zu kämpfen. Der Templerorden war schon damals einer der bekanntesten Ritterorden. Seit 1118 beschützten die Templer (Pilger) religiöse Reisende, die ins ferne Jerusalem reisten. Weitere Orden waren unter anderem die Johanniter und die Malteser.

Saladin war im 12. Jahrhundert der berühmteste muslimische Anführer. 1175 wurde er Sultan (Herrscher) von Damaskus und vereinigte die Muslime. Er besiegte die Kreuzritter in vielen wichtigen Schlachten und hinderte sie daran, Jerusalem einzunehmen.

El Cid war der Spitzname von Rodrigo di Vivar. Er wollte die Araber aus Spanien vertreiben. El Cid bedeutet „Der Champion". 1094 besiegte er die Muslime und besetzte die Stadt Valencia. Er herrschte, bis er 1099 im Kampf starb.

Das Königreich von Outremer

Die Kreuzritter gründeten in Palästina ihr eigenes Königreich, das sie **Outremer** nannten. Der Name bedeutet „Auf der anderen Seite des Meeres", weil Palästina von Rom aus gesehen auf der anderen Seite des Mittelmeeres liegt.

Wer waren die Azteken und Inka?

Die Azteken lebten in Südamerika, im heutigen Mexiko. Im Jahr 1450 war ihr Reich so groß, dass es sich vom Pazifik bis zur Karibik erstreckte.

Die Inka lebten dort, wo heute Peru ist. Ihr Reich war viermal so groß wie Frankreich. Die Inka hielten es für ihre heilige Pflicht, andere Stämme dazu zu bringen, dass sie den Sonnengott anbeteten.

Die Azteken und Inka benutzten Waffen aus Holz. Darin waren scharfkantige, polierte Stücke des Gesteins **Obsidian** als Klingen eingesetzt.

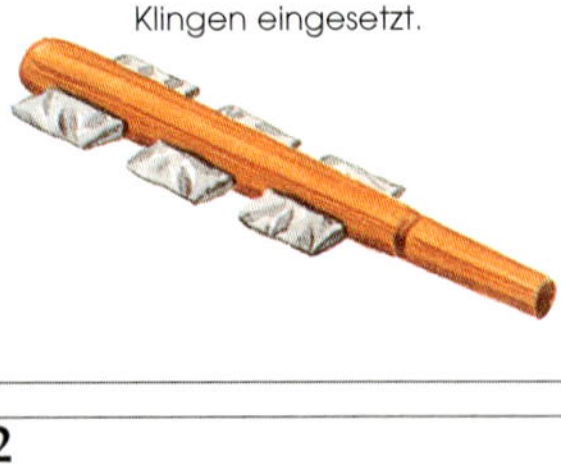

1423 begann der Inkaherrscher Pachacuti mit dem Bau der Festung von **Sacsahuaman**. Die Festung hatte drei mächtige Türme und drei Steinmauern. Die hohen Mauern hatten eine Zickzackform, und die Steine waren so geformt, dass sie genau ineinander passten, wie die Teile eines Puzzles.

Jeder männliche Azteke wurde mit 17 Jahren Soldat. Wenn er bis zu seinem 23. Geburtstag keine tapfere Tat vollbracht hatte, musste er Bauer oder Händler werden. Sehr mutige Krieger durften besondere Tierfelle tragen.

Spanische Truppen, **Konquistadoren** genannt (das bedeutet Eroberer), griffen die Azteken 1519 und die Inka 1532 an. Die Konquistadoren kämpften auf Pferden und hatten eiserne Schwerter und Schusswaffen. Gegen diese modernen Waffen konnten die Azteken und Inka nichts ausrichten. Ihre Reiche wurden erobert.

Gefangene der Azteken wurden zu den Tempeln in die Hauptstadt Tenochtitlán gebracht. Priester töteten viele der Gefangenen als Opfer für die Götter. Mindestens ein Mensch wurde jeden Tag getötet. An bestimmten Feiertagen konnten über tausend Menschen auf einmal geopfert werden. Manchmal wurden Kriege nur geführt, um Gefangene zu machen.

Wer war Sitting Bull?

Sitting Bull war der größte Anführer der Sioux, er vereinigte ihre verschiedenen Stämme.

Mit Hilfe der Schwarzfuß, Cheyenne und Arapaho führte er Krieg gegen die amerikanischen Siedler.

Krieger wie die Sioux kämpften reitend mit Speeren und Pfeil und Bogen oder mit Gewehren, die sie von weißen Siedlern gekauft hatten.

Der erste **Indianerkrieg** begann 1608, als englische Siedler den Stamm der Powhatan in Virginia bekämpften. Der Krieg endete 1613, als die indianische Prinzessin Pocahontas einen Engländer heiratete.

Red Cloud, der Häuptling eines Sioux-Stammes, kämpfte gegen die amerikanische Armee, um sie am Bau von Forts (militärischen Festungen) und Straßen im Land der Sioux und Cheyenne zu hindern. Der Krieg dauerte von 1865 bis 1867. Dann verließ die amerikanische Regierung das Land. Red Cloud schloss Frieden mit den Siedlern und kämpfte mit friedlichen Mitteln bei der Regierung um die Rechte seines Volkes.

Als im Land der Sioux **Gold** gefunden wurde, befahl die amerikanische Regierung Sitting Bull, mit seinem Volk in ein neues Reservat zu ziehen, das 380 km entfernt lag. Sitting Bull weigerte sich, und es kam zu einem Krieg.

1876 erhielt General Custer den Befehl, mit der 7. Kavallerie, einer amerikanischen Reiterstaffel, das Lager der Indianer am **Little Big Horn** anzugreifen. Ein Teil seiner Truppen überfiel die Indianer von hinten. Custer selbst griff von vorne an. Damit ritt er in eine Falle, die Sitting Bull ihm gestellt hatte. Custer und alle seine Männer wurden getötet.

Geronimo war der Anführer der Apachen, die in der Wüste an der Grenze zwischen den USA und Mexiko lebten. 1859 wurden die Apachen von Mexikanern angegriffen. Danach führten sie viele Jahre lang brutale Schlachten gegen alle Weißen. 1886 ergab sich Geronimo schließlich.

Was ist der Orient?

Als Orient bezeichnet man die Länder östlich des Mittelmeeres, vor allem die in Ostasien, z. B. China oder Japan.

Viele unbarmherzige Krieger kämpften in diesem riesigen Gebiet gegeneinander.

Die **Chinesische Mauer** wurde in mehreren Teilstücken seit 220 v. Chr. erbaut. Sie sollte China vor Angreifern schützen. Sie ist mehr als 6.000 km lang und so breit, dass man mit einem Streitwagen auf ihr entlangfahren konnte. Heute ist sie ein berühmtes Touristenziel.

Die **Samurai-Krieger** kamen aus Japan. Sie waren sehr gut ausgebildete Kämpfer, die ihren Herren treu ergeben waren. Alle Samurai befolgten strenge Regeln, die Bushido genannt wurden. Nach diesen Regeln sollte ein Samurai tapfer sein und ein einfaches Leben führen. Wenn er die Regeln des Bushido aber nicht einhielt oder einen Kampf verlor, musste er sich selbst töten. Das bezeichnete man als Seppuku.

Die ersten chinesischen Armeen bestanden aus Bauern. Sie kämpften zu Fuß, da sich nur die Adligen Wagen oder richtige Waffen leisten konnten. Um 200 v. Chr. gab es auch Kavallerie. Die Han-Kaiser hatten sie eingeführt. Wie die Kämpfer damals aussahen, kann man in Xian in China sehen. Dort hat man 6.000 Tonfiguren entdeckt, die Kaiser Qin Shihuangdis Armee darstellen.

Timur der Lahme, oder Tamerlan, wie man ihn in Europa nannte, war ein grausamer Anführer der Tataren aus dem Süden Asiens. Er wurde 1336 in Samarkand geboren, dem heutigen Tadschikistan. Bis 1399 hatte er alle Völker in Zentralasien besiegt oder Abkommen mit ihnen geschlossen. Außerdem war er in Russland und Indien einmarschiert. Timur tötete tausende Menschen. Bevor er ihre Schätze nach Samarkand brachte, errichtete er Pyramiden aus den Schädeln der Ermordeten.

An Lushan war ein türkischer Krieger, der Herrscher von China wurde. Als junger Mann war er General in der chinesischen Kavallerie. Er besiegte viele von Chinas Feinden und wurde bald Befehlshaber der ganzen nördlichen Armee. 756 griff An Lushan China an, weil er dachte, der Kaiser wollte ihn töten. Er stürzte ihn und wurde Herrscher. Ein Jahr später wurde er von einem Diener ermordet.

Was ist ein Freiheitskämpfer?

Freiheitskämpfer sind Menschen, die versuchen, ihr Land von fremder Herrschaft zu befreien.

Die meisten Freiheitskämpfer arbeiten in kleinen Gruppen und nicht in großen Armeen. Manchmal gewinnen sie und ihr Land wird befreit. Andere schaffen es nicht, werden aber Helden und Vorbilder für solche, die auch ihre Ziele verfolgen.

Johanna von Orléans führte die Franzosen 1429 in einen Krieg gegen die Engländer, um ihr Land zu befreien. Johanna, eine junge Bauerntochter, überredete den Dauphin (den französischen Thronfolger), sie mit einer kleinen Armee kämpfen zu lassen. Sie verblüffte die Truppen als mutige Anführerin. 1431 wurde sie von den Engländern gefangen genommen und hingerichtet. Viele Franzosen kämpften weiter für Johannas Sache, und wenige Jahre später waren sie frei.

Simón Bolívar wollte Südamerika von den Spaniern befreien. Im Jahr 1810 konnte Venezuela den spanischen Gouverneur vertreiben. Bolívar bekam das Kommando der Rebellen und errang viele Siege. 1821 ergab sich Spanien. Danach führte Bolívar Rebellen in Kolumbien, Peru, Equador und Bolivien.

François Toussaint L'Ouverture war ein schwarzer Sklave, der die Sklaven von Haiti befreite. 1791 leitete er den Aufstand gegen die fremden Herrscher. Ab 1797 regierte er selbst die Insel. Er verbot die Sklaverei und erließ menschenwürdige Gesetze.

Giuseppe Garibaldi versuchte mit einer kleinen Gruppe von Anhängern, Italien zu vereinigen. 1860 bestand Italien aus vielen kleinen Königreichen, die fast alle von Österreich regiert wurden. Garibaldi ging mit nur 1.000 Männern (sie wurden wegen der Farbe ihrer Kleidung „Rothemden" genannt) nach Sizilien. Er begann eine Revolution und zog dann nach Norden, wobei er viele Herrscher stürzte. Nach nur sechs Monaten schloss sich fast ganz Italien unter der Herrschaft des Königs von Piemont zusammen.

Robert the Bruce führte die Schotten gegen die Engländer an. 1296 wurde Edward I. von England zum König von Schottland gekrönt. Robert the Bruce, der Urenkel eines früheren schottischen Königs, hielt sich für den wahren König. 1314, bei der Schlacht von Bannockburn, schlugen Roberts schottische Truppen die englische Armee endgültig. Schottland war wieder ein freies Land.

Hat es alle Krieger wirklich gegeben?

In vielen Ländern gibt es Legenden über sagenhafte Krieger.

Obwohl es unglaubliche Geschichten über die Kämpfer gibt, beruhen diese Legenden oft auf dem Leben wirklicher Personen.

Horus war ein antiker ägyptischer Gott. Die Geschichten, die von seinem Streit mit dem Gott Seth handeln, beziehen sich wahrscheinlich auf Kämpfe aus der Zeit, bevor der erste Pharao Ägypten vereinigte.

Gilgamesch war ein Held, von dem um 2000 v. Chr. in Persien sehr viel erzählt wurde. Der Legende nach ist Gilgamesch ein König, der eine lange Reise macht, um den Sinn des Lebens zu entdecken. Man geht davon aus, dass Gilgamesch ein berühmter Kriegerkönig in Uruk war, der etwa 2500 v. Chr. lebte.

Die Griechen und Perser erzählten in der Antike Geschichten von Kriegerinnen, den so genannten **Amazonen**. Sie überfielen andere Völker, um Gold und Männer zu erbeuten. Die Legende von den Amazonen beruhte wahrscheinlich auf einem echten Volksstamm, den Sarmatianern. Diese lebten zwischen 800 und 300 v. Chr. am Schwarzen Meer. Bei ihnen waren Frauen gleichberechtigt und kämpften in Kriegen genauso wie Männer. Das erschien den Griechen und Persern sehr seltsam und ging in ihre Sagen ein.

Jason war ein Prinz aus Thessalien in Griechenland. Es gibt Geschichten, nach denen Jason mit einer Gruppe von Kriegern, den Argonauten, in viele entlegene Länder fahren musste, bevor er König werden konnte. Sie beruhen wahrscheinlich auf den Reisen von Thessaliern. Die Seeleute reisten viel, um Handel zu treiben.

König Arthur ist ein legendärer Krieger aus Großbritannien, der eine Truppe von Adligen und Rittern angeführt haben soll. Die Ritter saßen um einen runden Tisch, damit niemand vor Kopf des Tisches saß und somit wichtiger schien als die anderen. Wahrscheinlich war Arthur ein keltischer Krieger, der gegen die Angelsachsen kämpfte (sie hatten Großbritannien erobert, nachdem die Römer fort waren). Er soll etwa 515 bei der Schlacht von Camlann getötet worden sein.

Sigurd war ein großer Kriegsheld der Wikinger. Er war der Letzte vom Stamm der Volsungen und erlebte viele Abenteuer, z. B. den Kampf mit einem Drachen und die Entdeckung eines Schatzes. Niemand hat herausgefunden, wer das Vorbild für Sigurd war.

Register